PANÉGYRIQUE

DU BIENHEUREUX

JEAN-GABRIEL PERBOYRE

Prononcé dans la Cathédrale de Nice

le 28 Janvier 1890

PAR

L'Abbé MAGNAN

Supérieur du Petit Séminaire de Grasse

Chanoine honoraire

GRASSE

IMPRIMERIE CROSNIER FILS, RUE DU COURS, 20

1890

PANÉGYRIQUE

DU BIENHEUREUX

JEAN - GABRIEL PERBOYRE

Prononcé dans la Cathédrale de Nice
le 28 Janvier 1890

PAR

L'Abbé MAGNAN

Supérieur du Petit Séminaire de Grasse
Chanoine honoraire

GRASSE
IMPRIMERIE CROSNIER FILS, RUE DU COURS, 20
1890

> Sacrificium justi acceptum est, et memoriam ejus non obliviscetur Dominus.
> (Eccl. 35)

Monseigneur,

Mes Frères,

En l'an 1607, tandis que la cité de Nice se reposait des ravages de la peste en se préparant à la guerre, sous le glorieux règne de Charles Emmanuel Ier, de la maison de Savoie, pendant ce mois de juin où les brises s'assoupissent dans les ardeurs vaporeuses de l'été, une embarcation légère, partie des rivages de Tunis, glissait au large, en vue de nos côtes, faisant voile vers Aigues-Mortes. Elle portait deux hommes, un esclave et son maître. L'esclave était Vincent de Paul, le maître un habitant de votre cité. Seulement, à cette heure, l'esclave avait fait la conquête de son maître, en le ramenant à la foi chrétienne, et le maître était devenu le disciple et l'ami de Vincent de Paul. Le nouveau converti allait faire sa soumission entre les mains du Vice-Légat, représentant du Pape, à

Avignon. En apercevant les rives enchantées de sa ville natale assise au milieu des fleurs, les pieds dans l'azur de ses flots, il dut jeter un regard d'amour sur son pays, et Vincent de Paul ne manqua pas de bénir la cité mère de celui dont Dieu se servait pour briser sa captivité. La bénédiction des saints porte toujours bonheur.

Je regarde, et partout, dans cette cité, où il y a une misère à secourir, un orphelin à adopter, une plaie à panser, une infortune à consoler, j'aperçois les admirables filles de Vincent de Paul, qui recueillent sur leur passage le respect de tous, parce qu'elles savent unir, dans une réconciliation sans exemple, la pureté de la vierge avec les entrailles de la mère!

Je regarde, et, dans cette même cité, je vois les fils de Saint Vincent, les prêtres de la Mission, ces saints religieux qui, avec une modestie égale à leur science et à leur piété, se consacrent, dans le grand Séminaire, à la formation de la jeunesse cléricale, et préparent de vaillants apôtres pour ce vaste et beau diocèse.

Je les vois dans le Petit Séminaire qui est devenu, sous leur habile direction, par l'éclat des études, l'esprit de discipline et de piété, en même temps qu'une riche pépinière de lévites, le rival des collèges les plus célèbres de la France!

Mais le fruit le plus délicieux de la bénédiction de Saint Vincent, n'est-ce pas cette fête que nous célébrons, depuis trois jours, avec tant d'enthousiasme, en l'honneur de cet intrépide martyr qui est à la fois la gloire de l'Église et de l'institut des Lazaristes ?

Tous les saints sont la reproduction vivante du Dieu immolé. Mais il semble que le bienheureux Jean-Gabriel Perboyre en a été la copie achevée. Sa vie entière n'est qu'un long acte de charité qui s'achève dans le sang. Il a passé en faisant le bien, et, à l'exemple du Maître, quand on l'a conduit au supplice, il s'est laissé égorger, comme l'agneau, sans exhaler un gémissement. Pour réaliser l'idéal divin, il se baigne d'abord dans la lumière de la foi ; Dieu lui paraît si beau, qu'il se hâte de se consacrer à son service. Bientôt il s'élève sur ces hauteurs sereines de la perfection, où notre nature semble tenir plutôt de l'ange que de l'homme. Le feu de la charité dévore son âme sacerdotale, y allume une sainte ambition, celle de conquérir des âmes à Dieu.

J'ai nommé, mes Frères, les trois grandes qualités qui font le prêtre parfait : la science, la sainteté, la passion des âmes. Elles brillent d'un éclat incomparable dans la personne de Jean-Gabriel Perboyre ; car 1° sa science est couronnée par une connaissance approfondie des saintes Écritures ; 2°

sa sainteté est couronnée par l'intégrité de son innocence ; 3° son zèle apostolique est couronné par le martyre.

C'est ce que je me propose de vous raconter dans ce discours.

MONSEIGNEUR,

Au moment où le Bienheureux allait partir pour la Chine, il réunit une dernière fois ses enfants du Séminaire interne de Paris. Il voulait leur ouvrir son cœur, et se placer sous la protection de leurs prières. Mais l'émotion trahit son courage et les sanglots étouffèrent sa voix. Il descendit de chaire, tomba à genoux au milieu de ses élèves, et implora leur pardon pour les prétendus scandales qu'il leur avait donnés.

Avant d'entreprendre un éloge si au dessus de mes forces, que Votre Grandeur me permette de solliciter humblement sa protection. Je m'engage dans une route longue et périlleuse. Je serai un peu plus rassuré si Votre grand cœur, qui s'est vengé de l'épiscopat en restant toujours missionnaire, m'assiste de sa sympathie, de ses vœux et de sa bénédiction.

1° Sa science a été couronnée par l'intelligence profonde des Saintes Écritures.

— Il n'est pas rare d'entendre dire aujourd'hui que la religion catholique doit disparaître pour faire place au culte de la science expérimentale. On nous accorde gracieusement d'avoir pris l'esprit humain quand il sortait des langes de la barbarie, de l'avoir bercé sur nos genoux, de l'avoir abrité dans nos monastères, de lui avoir enseigné les lettres grecques et latines, d'en avoir fait, comme on l'a dit (1), Bacon, Leibnitz, Galilée, Saint Bernard, Saint Thomas, Bossuet, et Pascal. Les œuvres de ces grands hommes, comme des chants harmonieux, pouvaient endormir l'humanité, pendant son enfance. Elle est maintenant en pleine possession d'elle-même. La nature lui a livré tous ses secrets. La science a remplacé la révélation. Les apologistes chrétiens se lèveront. Autrefois, on chassa d'Éphèse le grand apôtre et ses disciples, en fomentant une émeute par cette simple clameur : « la grande Diane des Éphèsiens ! » A l'exemple de l'orfèvre d'Éphèse, tous les faiseurs de systèmes, tous les marchands de fossiles, tous les inventeurs d'hommes préhistoriques, prétendent étouffer la voix des prédicateurs chrétiens, en agitant les masses et en criant partout : « la science, la science ! » Eh bien, les prêtres aiment et honorent la science, non pas

(1) Thiers.

cette science cataleptique et foraine, mais la vraie science. Le Seigneur a recommandé à leurs lèvres de la répandre. Il leur a dit : « Vous êtes la lumière du monde ; allez et enseignez toutes les nations. » Avant de lancer à travers les multitudes le messager de la bonne nouvelle, l'Église, pendant un quart de siècle, l'initie aux mystères des sciences profanes et sacrées. Pour éclairer son esprit, elle ne se contente pas de ramasser çà et là, dans la création, quelques rayons épars de la lumière. Elle les rattache tous à leur foyer qui est Dieu. La foi guide la raison débile, et lui apporte du ciel une certitude absolue, basée sur la véracité de l'Éternel. Avec ce flambeau le prêtre pénètre dans la nature même de Dieu, connaît la grandeur de l'âme et de ses destinées, il acquiert la science du salut. La Bible lui révèle l'origine du monde et de l'homme, les secrets du passé et de l'avenir. Quelle science est plus vaste que celle du prêtre ? Cette science était celle de Jean Gabriel.

Il naquit le 6 janvier 1802, au hameau du Puech, de la paroisse de Mongesty, dans ce diocèse de Cahors qui a eu la gloire de donner à l'Église le Pape Jean XXII. Ses parents avaient conservé la pureté des mœurs patriarcales, et l'on respirait, à leur foyer, l'air salubre de la foi chrétienne. Jean-Gabriel grandit sous les caresses de la religion. Dieu avait placé cette âme privilégiée dans la solitude des champs pour mieux lui parler. Oh ! comme les anges devaient sourire à ce gracieux enfant, quand il menait paître son petit troupeau ! sur les confins du Quercy et de la Guyenne, à travers les coteaux verdoyants, le long des rivières ! Déjà, il saluait ce bon Dieu dans le calice des timides fleurs, dans la douce voix des agneaux, comme à travers les flammes resplendissantes des soleils couchants. Aussi, que d'actions de grâces il lui rapportait, quand il inclinait son front chargé d'innocence, devant la porte dorée du tabernacle ! Qui pourrait dire les illuminations dont son esprit fut honoré, dans ses entretiens intimes avec son Jésus ! A onze ans il fut jugé digne de faire sa première communion. Quelle fête radieuse dans son âme ! Comme le soleil était beau ce jour là, comme les oiseaux chantaient bien dans l'humble paroisse de Montgesty ! Quel attendrissement dans l'âme du Pasteur ! Quelle joie dans la famille Perboyre !

Dieu a pris possession de cette âme simple et pure. C'est pour toujours. Sous le regard de ce sublime Instituteur, l'étude sera douce comme une récompense.

Jean-Gabriel arrive au Petit Séminaire de Montauban. Il est question de ne mettre entre ses mains que ces trois clés, qui ouvrent tant de choses dans la vie : lire, écrire et compter !

Plus de lumière, plus de lumière, s'écrie Dieu dans son âme !

Il est initié, à quinze ans, aux premières notions de la langue latine. Six mois après, il rentre en cinquième. Il arrive d'emblée à la première place et s'y maintient. A Pâques il est en quatrième. A son retour des vacances, il commence les humanités et le jour de la distribution des prix, il est victorieux sur toute la ligne. Ses condisciples lui font une chaleureuse ovation, car le jeune lauréat garde, dans son triomphe, l'attitude modeste des vaincus. Il termine sa rhétorique d'une manière brillante. Est-il assez savant ?

Plus de lumière, plus de lumière encore ! La philosophie lui ouvre ses portiques austères. Il entre résolument dans ce labyrinthe. Il n'a rien à craindre. Ne tient-il pas entre ses mains le fil conducteur de la foi ? Il traversera toutes les obscurités, côtoyera tous les systèmes, sans glisser dans l'erreur. Les droits de la raison ne seront pas sacrifiés. La lumière surnaturelle ne fait que mieux ressortir sa puissance. La foi lui donne des ailes pour s'élever. Aussi Jean-Gabriel, doué d'un esprit qui se porte naturellement vers la métaphysique, aborde tous les problèmes, approfondit toutes les questions, et il découvre sans peine les causes profondes, les raisons dernières de toutes les sciences. Ses professeurs sont ravis.

Plus de lumière, plus de lumière toujours ! Il vient de se consacrer à Dieu dans la congrégation des Lazaristes. Alors, devant son regard fasciné, se découvrent les radieuses perspectives de la science sacrée. Dieu lui révèle sa pensée intime. Le cercle sera fermé. Toutes les sciences viendront se résoudre dans l'unité. Son esprit plane, comme l'aigle, dans les espaces étincelants.

Pour mieux vaincre les difficultés, pour pulvériser les objections, il dédaigne les petits traités, ces armes enfantines qui ne conviennent qu'aux bras débiles. Il se revêt des fortes armures, de la lourde cuirasse des géants. La somme théologique de Saint Thomas d'Aquin ne pèse pas à son génie. Il en fait ses délices ; il en scrute les profondeurs, il admire sa grandiose architecture, il mesure ses immenses proportions, et il trouve Dieu si grand et si beau, qu'il lui tarde de lui dire comme l'Ange de l'école : « Je ne veux pas d'autre récompense que vous, Seigneur ! »

Il puise à pleines mains à la source des diviens écritures, et bientôt il peut réciter par cœur toutes les épitres de Saint Paul. La théologie du grand apôtre le séduit.

Et maintenant que vous avez fouillé toutes les

profondeurs de la science sacrée, il est temps d'exposer au grand jour ces trésors ? Partez, jeune homme, parcourez votre carrière, comme l'astre qui décrit sa sphère, répandez votre flamme lumineuse et brûlante, en attendant que vous alliez vous coucher dans la gloire, là-bas, sur l'horizon lointain !

Il arrive à Montdidier où il est chargé du cours de philosophie en même temps qu'il fait une classe inférieure. Un jour la conférence ecclésiastique se réunit au collège. Il parle sur la grâce avec tant d'élévation et de clarté, que les membres de la conférence, dans l'admiration, n'ajoutent pas un seul mot à ce qu'ils viennent d'entendre. Par respect, la séance est levée. On surnomme Jean-Gabriel le maître des sentences, le petit Saint Thomas d'Aquin.

Qu'il s'asseye sur la chaire de dogme du grand Séminaire de Saint-Flour, ses élèves seront suspendus à ses lèvres, et seront émerveillés autant de l'étendue de son savoir que de la force de son argumentation.

Qu'il soit supérieur de collège, à 25 ans, dans la même ville, les élèves viendront en foule se grouper autour de lui. Il apportera, dans l'exercice de ses délicates fonctions, un tact, une mesure, un savoir, une autorité qui rappelleront la sagesse des vieillards. Comme il aura bien deviné les enfants lorsqu'il dira : « Ne parlez pas longuement aux en-

« fants. Ils sont comme un vase dont l'ouverture
« est très étroite. Si vous versez la liqueur en trop
« grande abondance, elle se répand en dehors ».

Qu'il soit appelé comme sous-directeur au Séminaire interne de Paris, il conduira les âmes, avec force et suavité, dans la voie de l'immolation. Qu'on le charge en même temps du cours d'Ecriture sainte, il débutera par l'interprétation de l'Evangile de Saint Jean, et sa parole aura des envolées si hardies, qu'il suivra à des hauteurs presqu'inaccessibles l'aigle de Pathmos !

Voilà la science large, profonde, de Jean-Gabriel. Ce sont les puissances de la raison décuplées par ce don de seconde vue qu'on appelle la foi. C'est l'intelligence qui se perd dans l'infini. C'est la science qui doit honorer le prêtre. *Doctrina clarere debet ecclesiasticus*, a dit Saint Grégoire. La société actuelle est avide de savoir. Nous devons apprendre beaucoup pour pouvoir beaucoup lui enseigner. Elle est assise à l'ombre de la mort, dissipons ses ténèbres. Elle se meurt d'anémie intellectuelle, donnons-lui une nourriture substantielle. Soyons surnaturels dans notre enseignement pour renverser l'idole contemporaine, le naturalisme. La France étale une littérature d'un sensualisme troublant, élevons ses pensées et son cœur. « Il en est, dit Saint Bernard, qui apprennent pour savoir ; c'est de la curiosité. D'autres s'instruisent pour paraître savants ; c'est de la vanité. D'autres cherchent à acquérir la science pour la vendre ; c'est un trafic honteux. Les parfaits sont ceux qui étudient avec une ardeur infatigable pour consoler, illuminer, fortifier les âmes. C'est la charité. C'est la science du prêtre qui coule, intarissable, pour désaltérer les grands comme les petits, sans autre ambition que celle d'agrandir le royaume de Dieu ! : Mais qu'importerait de prêcher aux autres, si nous étions nous mêmes réprouvés, selon l'expression de Saint Paul. Jean-Gabriel a été la lumière du monde, et il a marché, comme les enfants de la lumière, dans la voie de la sainteté. *Ut filii lucis ambulate.*

2º Sa sainteté a été couronnée par l'intégrité de son innocence.

Dieu a illuminé devant les yeux du prêtre l'abime de l'Infini. Ce que la philosophie humaine n'a jamais ni connu, ni conçu, le prêtre en répand sur le monde les splendides manifestations. Il est évident qu'il doit conformer sa conduite à son enseignement. Il prêche la sainteté, il doit être saint. C'est alors que selon la belle parole de Saint Augustin, la vérité triomphe dans les bonnes œuvres.

Qu'est-ce que la sainteté ? C'est la victoire de

Dieu sur la nature de l'homme. C'est l'héroïsme de la vertu. C'est la grâce elle-même, répandue par l'Esprit-Saint dans l'âme qui l'accepte. Elle lui infuse une vie divine.

Cette grâce charma le cœur de Jean-Gabriel par tant de poésie, tant de blancheur, qu'entre la sainteté et lui ce fut une alliance éternelle. Comment aurait-il pu se déposséder d'une perle si précieuse ? Il en fut tellement ravi qu'il sembla ne plus regarder qu'en dedans. On ne pouvait le détacher de cette mystérieuse vision. Sa paupière était un voile toujours abaissé sur ses yeux, et qui le préservait des distractions du dehors. On aurait dit, selon le témoignage d'un témoin de sa vie, qu'il avait deux âmes, l'une toute à l'étude, l'autre toute à Dieu. A Mongesty, on le prend pour un ange sous une figure mortelle. C'est un enfant prédestiné. Par quel chemin est-il arrivé au sommet de la contemplation ? Je ne parlerai point de ce premier pas qui consiste à s'arracher au monde, à résister aux tendances de la nature, à extirper de son cœur l'affection au péché véniel. Il ne paraît pas que cet effort lui ait coûté. Le cœur de Jean-Gabriel est comme un temple dont les avenues n'ont jamais été encombrées. La simplicité, l'humilité, la pureté et l'amour en sont les plus beaux ornements. La prière le remplit de son encens pur. Dieu y entre en souverain. Pendant les vacances que le jeune séminariste passe avec son oncle à Montauban, il reste en prière toute le temps que l'étude ne lui dérobe pas. Il communie tous les dimanches et jours de fête, et quand il revient de la table sainte, son visage respire une joie si sereine, qu'on se demande si Notre Seigneur n'a pas déchiré les voiles eucharistiques....

Quand la prière est devenue la respiration d'une âme, selon la belle parole de Sainte Thérèse, cette âme se porte à la méditation comme le fleuve à l'Océan. Elle est entraînée par un élan irrésistible : *Amor meus pondus meum*. Partout elle cherche celui qu'elle aime ; elle le demande à toutes les gardes qu'elle rencontre dans l'obscurité de la nuit, et se trouverait-elle en présence d'un ange, comme Marie-Magdeleine, elle lui dirait encore : « Où donc est-il ? »

Jean-Gabriel cherchait Dieu dans la prière, il le trouvait dans l'oraison. Cet exercice, que tant d'âmes même pieuses, redoutent comme une entreprise difficile, était pour lui une suavité, une délection. Il allait vers Dieu par la voie ordinaire. Il se mettait en présence de ses grandeurs infinies, et alors sa pensée était absorbée, son intelligence tressaillait, un reflet des clartés éternelles passait devant lui, et l'amour, échauffé par cette pieuse méditation, s'unissait à Dieu dans d'ineffables étreintes, car l'amour est le vainqueur de Dieu. Pénétré du sentiment de sa présence, Jean-Gabriel, s'appliquait à éviter les plus petites imperfections, et il faisait dans la sainteté d'admirables progrès. « Dans le soleil, il voyait celui qui éclaire tout « homme venant en ce monde ; dans l'étoile du « firmament, celui dont il est écrit : « Je suis l'étoile « brillante du matin », et il le priait de le diriger « sur la mer orageuse de ce monde. Un berger « lui rappelait le bon Pasteur qui donne sa vie « pour ses brebis. L'agneau était le symbole de « celui qui est venu pour effacer les péchés du « monde. Quand un oiseau traversait les espaces, « voltigeant dans la lumière, il s'écriait : « Qui « me donnera les ailes de la colombe, et je vo- « lerai, et je me reposerai dans le sein de Dieu ! »

Nous sommes déjà bien haut dans les sentiers qui mènent à la perfection. Qui s'élèvera jusqu'au sommet de la montagne sainte ? *Quis ascendet in montem Domini ? Innocens manibus et mundo corde.* Il en est qui y parviennent lentement, à la sueur de leur front, en roulant quelquefois sur les pentes escarpées de l'abime. D'autres y arrivent par des voies plus rapides. Ce sont les âmes simples et pures, humbles et brûlantes. On dirait que Dieu est impatient de se communiquer à elles. Soudain il les prend sur ses ailes, et d'un vol sublime, les

emporte sur les sommets. Dans cette situation l'âme est passive. L'intelligence sommeille. Dieu s'empare de la volonté humaine, se verse en elle dans une si large mesure, qu'elle semble nager dans un océan de délices. C'est la haute contemplation. Dieu sans doute n'y dévoile pas son essence. Ce serait le ciel et le juste mourrait. Il y a encore un voile qui sépare les deux amis. Ils conversent dans la nuée, dit Saint Denys, ils échangent des paroles suaves, leur cœur s'enflamme, et ils attendent que l'aube de la gloire se lève, pour se voir, se contempler et s'embrasser ! De ce Sinaï de la contemplation jaillit un torrent d'amour et de volupté, et il arrive parfois que l'âme sainte, perdant la conscience de son existence temporelle, se jette dans le sein de Dieu et s'y repose dans une sorte d'ivresse. C'est la volupté de l'extase. Jean-Gabriel connut ce ravissement, un jour, pendant le saint sacrifice de la messe, il fut tout-à-coup soulevé de terre, son visage s'empourpra, et, pendant un quart d'heure, il garda cette attitude extatique. Il fit jurer à son servant de messe de garder le secret. La promesse a été tenue jusqu'à la mort du Bienheureux, et le témoin de ce prodige, devenu prêtre et Lazariste, est mort il y a deux ans, supérieur de la maison de Sainte-Anne d'Amiens. Voilà la sainteté intérieure de Jean-Gabriel. Voilà la sève qui circulait dans les branches. Quels sont les fruits qu'elle a produits au dehors ?

Apparaissez maintenant, témoins de sa vie, ses condisciples, ses maîtres, ses frères en religion ! Dites-nous ce qu'il a répandu de parfum céleste sur son passage à Montauban, à Montdidier, à Saint-Flour, à Paris ! Racontez-nous les héroïques vertus qu'il a pratiquées !

« Si je n'eusse pas su qu'il était enfant d'Adam, disait quelqu'un qui l'avait eu longtemps sous les yeux, j'aurais cru qu'il n'avait jamais péché ; je n'ai jamais rien vu en lui de répréhensible. »

Voulez-vous le témoignage de ses professeurs ?

Nommez les vertus, s'écriait l'un d'entre eux, il les avait toutes ; nommez les défauts, je n'en ai jamais remarqué. Il a pratiqué la mortification jusqu'à l'excès. Il s'était imposé de jeûner le vendredi et le samedi pour s'unir aux souffrances de Notre Seigneur et pour honorer sa très Sainte Mère. Il endurait toutes les rigueurs de la saison avec une secrète joie. Il se privait de nourriture pour les pauvres et les prisonniers, dont il devint la Providence à Montdidier. Comme on lui représentait un jour que son lit était bien dur : « Croyez-vous, dit-il, que Notre Seigneur était mieux sur la croix ! » Il portera plus tard une ceinture de fer, et pourtant il n'avait à expier que son innocence !

L'humilité, à l'école de Saint Vincent, il en connaitra tout le prix. Il sait que ce grand Directeur de la vie spirituelle, recommande surtout à ses religieux l'humilité. « Vouloir être estimé, disait-il aux « Lazaristes, qu'est-ce que cela, sinon vouloir être « traité autrement que le fils de Dieu ! C'est un « orgueil insupportable ».

Jean-Gabriel a saisi cette doctrine, il en fait la règle continuelle de ses sentiments et de ses actes. Il se croit le plus misérable de tous ses frères, un objet d'abomination devant Dieu.

Voilà les saints, mes Frères ! Que dirai-je de sa dévotion à la personne adorable de Notre Seigneur Jésus-Christ ? Écoutez l'admirable prière qu'il lui adressait, chaque jour, avant de monter au saint autel : « Voilà, ô mon divin Sauveur, que, malgré mon indignité, je vais vous donner un être que vous n'avez pas, l'être sacramentel. Eh ! bien, je vous conjure d'opérer sur moi la même merveille que je vais opérer sur ce pain. Lorsque je dirai : « Ceci est mon corps », dites aussi de votre indigne serviteur : « Ceci est mon corps », Faites que je sois tout transformé en vous. Que mes mains soient les mains de Jésus, que mes yeux soient les yeux de Jésus, que ma langue soit la langue de Jésus, que tous mes sens et tout mon corps ne servent qu'à vous glorifier ; que ma mémoire, mon intelligence, mon cœur, soient la mémoire, l'intelligence, le cœur de Jésus ; que mes opérations et mes sentiments soient semblables à vos opérations et à vos sentiments, et que, comme votre Père disait de vous : « Je vous ai engendré aujourd'hui », vous puissiez dire de moi avec votre Père céleste : « Celui-ci est mon fils bien aimé en qui j'ai mis toutes mes complaisances ! » L'ardent désir de son cœur était de pouvoir s'écrier avec Saint Paul : « Ce n'est plus moi qui vis, c'est Jésus-Christ qui vit en moi ! »

Pour bien prouver, ô Martyr, que vous avez vécu de sa vie, Jésus continuera la similitude, et vous lui ressemblerez jusque dans la mort : Vous serez trahi et livré pour trente onces d'argent ; on vous chargera de chaînes, on vous outragera, on vous traînera de tribunal en tribunal ; vous serez souffleté ; sur le chemin de votre Calvaire, vous rencontrerez un Cyrénéen, et enfin vous serez attaché à une croix, et vous expirerez le vendredi au milieu des voleurs ! Vous serez vraiment un autre Jésus-Christ.

Mes Frères, voilà la vertu du prêtre. C'est un lis entouré d'épines, c'est l'innocence dans le sacrifice, c'est la sainteté dans la douleur. A ce prix, nous sommes le sel de la terre, et que deviendrait le monde, si le sel venait à s'affadir ? On a servi aux âmes une pâture insipide. Elles sont débilitées et mourantes. Les principes de la morale indépendante, les hauts faits des héros de commande, l'égoïsme et la vanité, ne leur rendront pas la vigueur qu'elles ont perdue. Où trouveront-elles la santé ? Dans la parole surnaturelle du prêtre, dans son abnégation, dans sa charité. Pratiquons la vertu austère. Le Christ nous est donné sous la forme d'une hostie. *Imitamini quod tractatis.*

Héraclius ne fut admis à porter la croix que lorsqu'il eut déposé son diadème et dépouillé son manteau royal. Nous ne serons puissants que dans la mortification. *Cum infirmor, tunc potens sum.* Dieu ne veut pas d'une chair idolâtrée, et le prêtre n'est un autre Jésus-Christ que lorsqu'il porte les stigmates de la passion. Les suavités du ciel ne nous manqueront pas ; mais souvenons-nous que les parfums du nouveau monde n'arrivent au navigateur au sein de l'Océan, que portés sur les ailes de la tempête !

Elle va fondre sur la tête du Bienheureux. Nous avons vu le savant et le saint. Admirons le martyr dans son indomptable courage.

3° Sa passion pour les âmes fut couronnée par le plus glorieux martyre.

Le prêtre que Dieu a tiré des entrailles de l'humanité, que l'Église a consacré sur la dalle du sanctuaire, est un homme qui ne s'appartient plus. Il est né pour Dieu, et il se doit aux hommes. *Ex hominibus assumptus, pro hominibus constituitur.* Qu'il soit enseveli dans un cloître, qu'il soit lancé dans les masses profondes des cités populeuses, peu importe. Le prêtre prie, travaille et souffre pour les âmes. C'est le médiateur entre le ciel et la terre. D'une main il touche à Dieu, de l'autre à l'humanité. Sur ces hauteurs, le prêtre es beau, admirable, sublime. Il est, par sa dignité, au-dessus même des anges. Mais Dieu ne l'a placé si haut que pour qu'il puisse répandre au loin ses bienfaits. Il doit donner de ce qu'il a reçu. Il a soif des âmes. Quand on aime, on irait au bout du monde chercher des empires pour les jeter, en trophées, aux pieds de la personne aimée. Quand on brûle d'amour pour Dieu, on voudrait lui conquérir le monde. Qui peut contenir le fleuve qui s'élance au-dessus de ses rives? Qui peut arrêter l'incendie qui descend de la montagne et dévore la forêt? Qui comprimera les élans du cœur de Jean-Gabriel Perboyre? Que d'âmes il a sanctifiées sur la noble terre de France! Ces conquêtes ne suffisent pas à l'ambition de son zèle. Il brûle du désir d'aller évangéliser la Chine. Il se consume en prière pour obtenir de Dieu et de la Sainte Vierge cette faveur. Il est faible, d'une complexion délicate. Qu'importe!

Ses supérieurs sont vaincus. Il part. Son frère Louis, Lazariste comme lui, en route pour la Chine, est mort en plein Océan. Jean-Gabriel a le secret pressentiment qu'il arrivera. C'est en vain que la tempête fait rage. Le vaisseau continue sa marche à travers l'immensité des flots. Mais il y a peine de mort pour tout européen qui ose franchir la muraille de la Chine. Fragile barrière devant les conquérants des âmes ! Jean-Gabriel aborde enfin sur les rivages de la terre promise. Il se hâte d'apprendre à Macao la langue chinoise qu'il finira par parler comme un lettré. Enfin ses vœux se réalisent : il est envoyé dans la province de Ho-Nan. C'est encore cinq mois de navigation, sur la mer et sur les fleuves, à travers mille périls. Et quand il quitte les fleuves, il lui reste à faire des marches interminables par monts et par vallées. On dirait que son âme porte son corps défaillant. Il arrive à la résidence de sa mission, broyé par la fatigue. Ah ! n'allez pas croire qu'il va s'accorder du repos. La moisson est immense et rares sont les moissonneurs. Il voudrait remplir le ciel de gerbes jaunissantes. Il vit de privations, prêche deux fois par jour, interroge tous les chrétiens sur la religion catholique, se couche après dix heures et se lève à quatre heures du matin. Il fait trois cents lieues pour visiter une chrétienté, et les chemins sont impraticables. On l'envoie dans une autre province, il redouble d'ardeur pour propager l'Évangile, et ses austères labeurs ne suffisant plus à son amour de la pénitence, il s'inflige de cruelles macérations.

Voilà, mes Frères, comment le missionnaire prêche Jésus-Christ, avec l'accent convaincu de la parole, avec l'autorité plus attendrissante du sacrifice.

Et quand les lèvres de l'apôtre se décolorent, que sa voix s'éteint et que ses forces l'abandonnent, il lui reste un argument décisif, une éloquence suprême à laquelle on ne résiste pas : l'effusion du sang ! Le martyr est un homme qui meurt pour confesser la foi ; il signe, avec son sang, le symbole des Apôtres.

Ce fut la gloire du bienheureux Perboyre !

Le 15 septembre 1839, la persécution éclate. Il ne l'a pas provoquée. Il a recommandé le respect des lois, il a exercé le saint ministère dans la solitude des champs. Il est trahi et livré aux satellites. On le charge de fers et on l'emmène.

Jean-Gabriel, vous avez été amoureux du martyre, vous êtes exaucé ! Les bourreaux vous donneront le temps de savourer les douceurs du fiel et du vinaigre...

Il comparait sans faiblesse devant les tribunaux ; il subira, sans plainte, les supplices les plus atroces ; il ira à la mort sans terreur.

Un premier mandarin le presse de questions sur la résidence de ses frères, sur l'état des chrétientés en Chine. Il garde un silence absolu. On lui demande s'il est chrétien : « Oui, je suis chrétien, repondit-il, et je m'en fais gloire ! »

Le Vice-Roi de la Province, le magistrat le plus cruel de l'empire, le cite à sa barre. Il fait apporter un crucifix, et le plaçant à terre, devant le prisonnier, il somme le martyr de le fouler aux pieds.

« Moi, fouler la croix ! Comment pourrai-je faire cette injure à mon Dieu, mon Créateur et mon Sauveur ! » Et alors, mes Frères, scène admirable ! Le serviteur de Dieu, couvert de blessures, succombant sous le poids des chaînes, s'avance avec un saint respect vers la croix, la prend amoureusement dans ses mains, et devant les satellites et les mandarins furieux, la couvre de ses larmes et de ses baisers ! Pour expier un si grand crime, le Bienheureux reçoit sur son visage ensanglanté cent dix coups de bâton.

Il subit plus de vingt interrogatoires à la suite desquels la cruauté des mandarins monte jusqu'à la barbarie. Ils ont le génie de l'enfer pour inventer les tortures. Jean-Gabriel passe des journées à genoux sur des chaînes de fer ; une machine le prend par les cheveux, le soulève et le laisse retomber violemment. On l'attache sur un siège élevé, et l'on suspend à ses pieds des pierres énormes. Sa chair vole en lambeaux sous les coups de lanières, et des pieds à la tête, il n'est plus qu'une vaste plaie.

Pendant quatre mois on l'emmène broyé et sanglant de la prison au prétoire, du prétoire à la prison. Les mandarins abandonnent leur proie. Ils n'ont pu lasser la constance du martyr. Ce qu'il y a de plus crucifiant dans la torture, de plus amer dans l'ironie, de plus déshonorant dans l'humiliation, tout a été tenté, mais en vain.

La sentence de mort est prononcée. Pour qu'elle reçoive son exécution, il faut que l'Empereur la ratifie. Le Bienheureux attendra pendant cinq mois encore, dans le cachot infect, le pied fixé dans un anneau de fer. Un Lazariste chinois, Yang, pénétra jusqu'au prisonnier. Quel spectacle, grand Dieu ! Le confesseur de la foi n'est plus *qu'un horrible mélange d'os et de chairs meurtris et traînés dans la fange !* Le pieux visiteur n'a pas la force d'articuler une parole, il éclate en sanglots, et c'est le martyr qui essaie de consoler son frère en religion. « Quel honneur pour moi, disait-il, de souffrir quelque chose pour Jésus-Christ ! »

Enfin le 11 septembre 1840, l'édit impérial arrive. Sans délai, on arrache le missionnaire à son horrible cachot, et au pas de course, au milieu de sept voleurs, au son des cymbales retentissantes, selon la terrifiante habitude des Chinois, il est conduit au lieu du supplice. On dresse une croix, on l'y attache, et le bourreau, lui passant une corde autour du cou, l'étrangle lentement, après trois torsions, comme pour mieux lui faire goûter ce qu'il y a d'épouvantable dans la mort.

Le martyr expire, le triomphe est complet !

Ouvrez-vous, portes éternelles, chérubins, saisissez vos harpes ; cieux, déployez vos splendeurs ; apôtres, confesseurs et martyrs, entonnez des chants de victoire ; Vincent de Paul, accourez avec un diadème d'or et des palmes radieuses, voici votre fils, voici l'âme du héros le plus intrépide que notre siècle ait connu !

Et vous, illustre Pontife du Vatican, vous qui étonnez le monde par la sérénité de votre front et l'audace de votre génie, vous qui habitez le point culminant de la terre, et dont le regard s'étend jusqu'aux extrémités du monde, soyez béni d'avoir, aux applaudissements de toute l'Église, déposé sur le front du martyr la couronne de la béatification !

Voilà, mes Frères, voilà la victime palpitante, voilà l'holocauste consumé par le feu du ciel ; voilà comment les apôtres sauvent les âmes, voilà comment ils savent aimer Dieu !

Et maintenant, mes vénérables frères dans le sacerdoce, en présence de tant d'héroïsme dans le malheur, de tant de vaillance dans le supplice, aurons-nous encore la faiblesse de nous plaindre au milieu des dégoûts que nous dévorons et sous les outrages qu'on nous prodigue ! Avons-nous oublié que nous sommes des victimes destinées au sacrifice ?

Tous les peuples se sont fait de la gloire une idée conforme à leur éducation. Athènes adorait l'éloquence ; Rome mettait sa force dans la simplicité; le moyen-âge vantait sa chevalerie ; le 17e siècle était jaloux de sa grandeur. Où donc la France aujourd'hui place-t-elle ses prédilections ? Qui ne le sait ? Elle adore le luxe, la mollesse, le plaisir, la fortune, tristes précurseurs, a dit Lacordaire, de la décadence d'un grand peuple.

Et nous, prêtres, que faisons-nous au milieu de cette civilisation efféminée ? Tandis que les convives, couronnés de roses, se pressent nombreux autour du festin de l'athéisme et de la volupté, nous envahissons la salle, nous troublons la fête ; nous importunons ces jouisseurs, ces Balthazars de l'orgie, en écrivant sur la muraille les mots fatidiques de la condamnation !

Est-il étonnant qu'on nous déteste, qu'on nous maudisse, qu'on ait juré notre perte ?

Eh bien ! que les mandarins du livre et du journal, que les satellites des sociétés secrètes que les bourreaux de l'impiété moderne tournent en dérision notre caractère sacerdotal, qu'ils chargent notre ministère d'entraves sacrilèges, qu'ils brisent sur notre tête les verges de leur fureur, qu'ils jettent sur nos épaules la cangue du mépris public, qu'ils étranglent, avec la corde infâme de la calomnie, notre considération; comme le bienheureux Perboyre, nous nous vengerons par le dévouement et par l'amour, et nous ne ferons entendre que la protestation de notre Sauveur sur la croix : « Mon Père, mon Père, pardonnez-leur, car ils ne savent ce qu'ils font. »

Et si la société qui roule au paganisme, nous traînait un jour sur l'arène de ses amphithéâtres pour égayer ses jeux et nous livrer en pâture à la dent des lions, nous aussi, ô mon Dieu, nous serions trop heureux et trop honorés de verser notre sang pour défendre notre foi et pour vous prouver notre amour !

Au moment où le martyr expirait sur son gibet, au milieu des larrons, on dit qu'une croix lumineuse apparut dans les hauteurs des cieux. De plusieurs points de l'empire Chinois, les chrétiens l'aperçurent. Beaucoup de païens furent témoins de ce prodige, et plusieurs s'écrièrent : « Voilà le signe qu'adorent les chrétiens, je renonce aux idoles, je veux servir le maître du ciel. »

Dieu, mes Frères, voulut glorifier d'une manière visible, son serviteur, ce prêtre parfait, ce saint religieux, qui mourait avec la triple auréole de la science, de la sainteté et du martyre.

Le souffle du scepticisme a passé sur la société contemporaine ; les âmes souffrent de cette maladie du 19ᵉ siècle, qu'on appelle le doute. Echappez à sa contagion, en consolidant votre foi par des études approfondies, creusez la doctrine, et sachant alors que votre croyance est éminemment raisonnable, aucune puissance au monde ne sera capable de vous l'arracher. Quand vous aurez vaincu l'ignorance, que vous restera-t-il à faire ? Résistez aux entraînements du plaisir, fuyez les délices de Capoue, dérobez-vous aux influences amollissantes de nos mœurs byzantines, obéissez à tous les commandements de Dieu, même à celui qui vous impose la pureté ; à tous les commandements de l'Église, même à celui qui vous prescrit l'abstinence ; recourez aux sacrements, même à ceux de la pénitence et de l'Eucharistie. Est-ce assez ? Non ! Affirmez votre foi avec une courageuse fierté. Aujourd'hui ne pas défendre le drapeau catholique, c'est déserter sa cause. Elevons-le donc, comme un signe de ralliement, au-dessus de tous les partis, dussions-nous passer sous le feu croisé du sarcasme et de l'outrage. Fils du divin crucifié, nous avons tous à suivre les âpres sentiers du Calvaire avant de parvenir sur les cimes resplendissantes du Thabor. Soyons des saints. Il est probable que le signe de notre rédemption ne brillera pas dans les cieux, à notre dernier soupir. Dieu ne nous doit pas ses miracles. Mais en franchissant le seuil de l'éternité, la croix nous apparaitra dans ses clartés éblouissantes, et sous le rayonnement de sa gloire, nous recevrons le prix de nos labeurs et de nos cicatrices. Amen.

www.ingramcontent.com/pod-product-compliance
Lightning Source LLC
Chambersburg PA
CBHW061002050426
42453CB00009B/1220